51
b 1612.

RELATION

DU PROCÈS INTENTÉ A Mᵣ **LAISSAC**

DEVANT LA COUR D'ASSISES DE L'HÉRAULT;

Par L. Baraduc.

PRIX : 50 CENTIMES.

SE VEND,

Chez tous les Libraires, au profit des condamnés pour délits politiques.

A MONTPELLIER,

Chez Auguste RICARD, Imprimeur, Place d'Encivade,

1832.

Le 27 Novembre, dès 8 heures du matin, une foule immense, contre l'ordinaire, encombrait les avenues de la Cour d'Assises de Montpellier. Il s'agissait d'un procès politique intenté à M. Laissac, ex-sous-préfet et décoré de Juillet. Déjà tous les bancs accordés à la faveur étaient occupés; une des tribunes était garnie de dames élégamment vêtues; l'impatience était grande. Dix heures sonnent!.... Les portes sont ouvertes au public, et la foule se précipite. Il y avait là des hommes de tous les rangs, de toutes les conditions, de tous les états, de tous les âges, avides d'entendre comment le Ministère public bâtirait une accusation contre un citoyen distingué par son dévouement, son patriotisme et ses lumières; car personne ne doutait de l'innocence de l'accusé, et tous étaient convaincus qu'on poursuivait en lui des opinions politiques et dans sa personne tout un parti. M. le Président procède au tirage pour la formation du Jury. L'Avocat du roi épuise son droit de récusation; on remarque cet acharnement légal. Le greffier fait lecture d'un long procès-verbal, espèce d'imbroglio écrit dans je ne sais quelle langue, et qui met à une cruelle épreuve la patience de l'auditoire.

Les témoins sont entendus : pas une charge contre l'accusé; et cependant il a été emprisonné, poursuivi et privé de sa liberté pendant quatre mois. L'indignation et la colère ne suffisent pas pour exprimer tout ce qu'il y a de méprisable et de honteux dans de pareilles persécutions. Quels sont donc ces hommes qui se font les serviles d'un despotisme aussi révoltant ? Quels sont donc ces tartufes d'une nouvelle espèce, ces faux dévots de politique et de justice, qui, avec un sang-froid glacial

et une certaine douceur de langage, jouent la liberté et
la vie d'hommes honorables ? Veulent-ils gagner leurs
épaulettes de général en plaisant au maître ? Ah ! il semble
que, depuis quelque temps, il est sorti de terre une
race d'hommes qui brûlent de tout engloutir, de tout
sacrifier, honneur, vertu, patriotisme, dévouement, dans
l'intérêt de leur ambition et de leur cupidité.

La parole est accordée au Ministère public.

Il est de toute impossibilité de comprendre cette accusation. L'Avocat du roi s'embrouille dans des descrip-
tions topographiques, et se perd dans des suppositions
et des conséquences plus ou moins ridicules. Le public
souffre ; il témoigne plusieurs fois son impatience, sans
que l'Avocat ait l'air de s'en apercevoir ; cependant il
termine, s'essuie et s'assied.

La parole est à l'accusé.

M. le Président ordonne aux huissiers de faire sortir à
l'instant ceux qui se permettraient de troubler l'ordre. Il
avertit que tout signe d'approbation ou d'improbation est
défendu.

M. Laissac se lève au milieu d'un vif mouvement d'intérêt, auquel succède bientôt le plus profond silence.
A la suite de cet article, nous donnons, dans son en-
tier, le discours prononcé par l'accusé.

M. Laissac avait compris sa position. Attaqué pour
ses opinions politiques, et, dans cette circonstance,
représentant un parti, il n'a pas rapetissé sa défense
à une chicanerie de détails et à une discussion passion-
née de quelques misérables assertions, toutes fausses,
toutes absurdes, avec lesquelles on voulait obtenir une
condamnation. Le prévenu a senti que tout autre était
sa tâche. Républicain, et se disant hautement tel, il a
profité d'une occasion aussi favorable, aussi solennelle,
pour dire au public les espérances de l'avenir, et indi-

quer les moyens d'arriver à un meilleur ordre de choses. Il a tâché de présenter, sous leur vrai jour, des principes calomniés et tacitement poursuivis. Il a fait de la propagande dans l'auditoire. M. Laissac, quoique bien jeune, a fait preuve, non-seulement de talent, mais encore de savoir, de jugement et de haute raison. Malgré la chaleur de son débit et l'enthousiasme de sa conviction, il a répondu toujours avec dignité et précision à toutes les questions du Président ainsi qu'à ses interruptions; et lorsque celui-ci a voulu l'empêcher de continuer, M. Laissac a généreusement abandonné le reste de sa plaidoirie, au grand déplaisir de l'auditoire et de MM. les Jurés, vivement émus par ce langage franc et hardi, par cette expression pure et énergique de sentimens nobles et généreux. Le pouvoir seul est resté impassible : c'est que lui a des oreilles pour ne pas entendre; il craint de lever les yeux de peur de rencontrer ce qui consterne les esprits timides et fait palpiter de joie les âmes fortes, un grand devoir à remplir.

M⁰ Bertrand, Avocat de l'accusé, prend la parole, et, après une défense aussi habile que spirituelle, il s'élève avec force contre ceux qui proscrivent *la Marseillaise* comme chant-séditieux.

« Et qui pourrait, s'écrie-t-il, voir, sans une vive indignation, faire emploi de la bayonnette contre des patriotes chantant *la Marseillaise?*

» *La Marseillaise!* Ah! Messieurs les Jurés, il fut un temps où sans doute vous la chantâtes aussi avec enthousiasme, alors qu'on la chantait dans les hameaux, dans les villes, partout, et qu'à ce vaste concert, parti de l'intérieur de la France, répondaient sur les frontières les canons de 14 armées et la voix d'un million de volontaires. Qui eût osé proscrire la muse de Rouget de Lisle, alors qu'un drapeau d'une main et un glaive de l'autre, elle marchait devant nos bataillons et les précipitait sur nos ennemis, semblable à ces Divinités d'Homère qui se mêlaient aux guerriers d'autrefois, les enflammaient par leurs accens, et les guidaient à la victoire !

» *La Marseillaise!* Vous la proscrivez ! Ah ! ne soyons pas ingrats ! Tournons, tournons nos regards vers le Nord, et demandons-nous si, dans quelques jours peut-être, tous tant que nous sommes, jeunes et vieux, nous ne serons pas obligés de l'entonner en chœur pour épou-vanter encore les constans ennemis de notre beau pays ! »

Cette brillante et chaleureuse improvisation est ac-cueillie par des applaudissemens et des *bravos* long-temps prolongés. La séance est interrompue pendant quelques instans.

Le Ministère public ne réplique pas. M. le Président résume les débats de cet étrange procès avec une impar-tialité d'autant plus digne d'éloges qu'elle est plus rare. MM. les Jurés entrent dans la salle des délibérations, et reviennent aussitôt prononcer à l'unanimité un verdict d'acquittement. L'accusé est aussitôt entouré de nom-breux amis qui le félicitent et l'embrassent. Les applau-dissemens et les bravos se prolongent ; il est difficile de faire évacuer la salle, tant elle est encombrée. Les cris *Vive la Liberté ! Vive le Jury !* se font long-temps en-tendre ; enfin, l'accusé sort et parvient à se dérober à la foule qui veut le porter en triomphe. Deux mili-taires surtout se font remarquer par leurs cris *portons-le en triomphe !* Sur son passage, M. Laissac reçoit des preuves non équivoques de sympathie ; on se met aux croisées pour le voir, le saluer de la main et le féliciter. La joie est générale ; jamais Montpellier n'avait été plus unanime. La foule l'accompagne jusqu'à sa demeure en chantant *la Marseillaise* (1).

_____

(1) Depuis quelque temps nous avons remarqué avec joie un grand

C'était un beau spectacle que ces deux mille citoyens se pressant sur les pas d'un homme parce que cet homme est persécuté. C'était un étrange et déplorable exemple donné au monde, que celui d'un gouvernement issu d'une époque glorieuse de force, de jeunesse et de magnanimité, qui ne sait qu'être petit, craintif et persécuteur ; qui semble parvenu, après deux ans d'existence, au dernier degré de caducité. Est-ce donc là ces libertés dont on nous gratifie ? Nous en avions déjà connu de semblables, de plus étendues même, sous l'empire et auparavant : mais nous pouvons désormais espérer de tout reconquérir. Misérables aveugles dignes d'une immense compassion, l'avenir vous dira, ce que vous n'avez pas encore appris, combien petite est la distance qui sépare l'homme de peur de l'homme de crime. Vous voulez étouffer nos convictions, éteindre notre ardeur, notre patriotisme, et prévenir ainsi ce que tout le monde appelle..... une révolution. Oui, elle viendra, car il faut que le progrès s'accomplisse : on ne fera pas reculer les générations qui s'avancent avec de petites terreurs ; on ne les effraiera pas en jetant à leurs têtes les ossemens blanchis des générations qui ne sont plus. Oui, elle s'accomplira...., et la France n'en sera pas l'unique théâtre ; elle s'étendra partout où ont germé les idées démocratiques, soit comme doctrine, soit comme sentiment, et, sous cette dernière forme, elles sont partout.

Louis BARADUC.

---

progrès dans la population de Montpellier. C'est qu'on n'entend plus que de loin en loin des cris de haine pour un parti qui n'est pas redoutable pour nous à cause de sa faiblesse, et que nous devons appeler à nos idées par la conviction et le raisonnement. Si quelques cris, *à bas les ducs*, se sont fait entendre, nous les désapprouvons entièrement, dussent nos ennemis voir dans cette déclaration une nouvelle preuve de l'alliance carlo-républicaine.

Louis BARADUC.

Messieurs les Jurés,

Après les dépositions des témoins que vous avez entendus, il vous serait sans doute difficile de comprendre l'accusation dont je suis l'objet, s'il ne s'agissait, dans ce procès, que d'une question purement criminelle. Vous vous demanderiez comment il a pu se faire que des magistrats sages, éclairés et indépendans, inaccessibles à la prévention et aux préjugés, se soient résolus à poursuivre un citoyen, à le priver de sa liberté pendant plus de trois mois, pour le traduire ensuite sur les bancs de la Cour d'Assises sous le poids d'une grave accusation, alors qu'il n'y avait contre lui, je ne dirai pas des preuves, mais des indices même de culpabilité. Aussi, Messieurs les Jurés, n'est-ce point là le but ni le caractère véritable des poursuites dirigées contre moi. Cette affaire, simple en apparence, sort du cercle étroit des procédures ordinaires que vous êtes appelés à juger. Elle se rattache à des considérations morales de l'ordre le plus élevé; elle est, en un mot, la conséquence d'un système organisé de gouvernement. Ce système, la presse et la Tribune l'ont déjà signalé. Il consiste à faire une guerre à outrance, une guerre à mort, à toutes les passions nobles et généreuses que la révolution de Juillet a fait naître, à frapper tous ceux qu'anime le saint amour de la patrie, à bâillonner la pensée, à étouffer la liberté d'opinion. Le moyen employé, c'est la terreur. Non pas une terreur qui se produise au grand jour, qui avoue ses actes et ne déguise point son allure; une terreur telle que la conçurent les montagnards et la sainte inquisition. Mais une terreur que j'appellerai honteuse, qui couvre son infamie du manteau des lois, qui fait servir à l'oppres-

sion les formes judiciaires instituées pour protéger et ga-
rantir la liberté des citoyens, qui se cache traîtreuse-
ment derrière la lâche complaisance d'un magistrat ser-
vile, et qui se traduit par ces mots : *arrestations préven-
tives et arbitraires*. Et ne croyez pas, Messieurs, que ce
soit à plaisir que je parle ainsi et pour donner à ma
cause une importance qu'elle ne saurait avoir. Inter-
rogez l'opinion publique, consultez les nombreux citoyens qui se pressent en foule à ces débats, et ils vous
diront que c'est tout un parti que l'on poursuit dans
ma personne, que ce sont des opinions politiques que
l'on traduit à votre barre.

Mais quelles sont donc, Messieurs les Jurés, ces opinions que nos procureurs généraux et royaux poursui-
vent avec tant d'acharnement et de haine ? Sont-ce des
opinions subversives de tout ordre social, contraires aux
intérêts du peuple, ennemies de toute morale ? Suis-je
un de ces hommes qui veulent substituer le règne brutal
de la force au règne paisible des lois ? un de ces ambitieux qui ne voient dans les révolutions qu'un jeu d'intérêt personnel ? un prédicateur obstiné de trouble et
d'anarchie, érigeant le tumulte de la place publique
en théorie gouvernementale ? Messieurs, je suis républicain...... Et avant de vous dire ce que j'entends par
être républicain, permettez-moi de repousser de toutes
mes forces certaines idées, certaines intentions que les
intrigans, les écrivains salariés ou les sots, prêtent à
ceux qui partagent ma foi politique. Évoquant les sou-
venirs d'une époque déjà bien éloignée de nous, d'une
époque qui ne fut pas sans gloire pour notre belle France,
l'on nous accuse de vouloir relever les échafauds ; de
vouloir recommencer les scènes sanglantes dont nos
pères furent les témoins et les victimes, et dans chacun
de nous l'on signale un bourreau. Messieurs, ces accu-

sations sont des calomnies atroces. Si nous admirons le
génie organisateur des martyrs de la montagne, si nous
chérissons la mémoire de ces géans qui, pour sauver
la France de l'invasion étrangère, ne reculèrent pas
devant la terrible responsabilité d'une dictature de sang,
qui, les premiers, convièrent le peuple au grand banquet
de l'égalité ; si leur intégrité nous paraît presque fabu-
leuse ; si, comme eux, nous sommes prêts à nous dévouer
à la cause du plus grand nombre et à apporter nos têtes
en gage de notre dévouement, nous bénissons le ciel
de nous avoir fait naître dans un temps où nous pour-
rons accomplir la glorieuse mission qu'ils s'étaient donnée,
sans avoir besoin de recourir aux mêmes moyens. Le
règne de la terreur est passé et passé pour toujours. Le
canon du 2 Septembre est cloué, la hâche du licteur s'est
brisée devant quarante années de civilisation. Il n'y a
plus aujourd'hui de nobles capables, par leur influence
personnelle, de soulever des contrées entières contre les
défenseurs du peuple. Avec un peu de bonne volonté,
le pouvoir pourra, sans mesures violentes et en très-
peu de temps, mettre fin aux intrigues de quelques
prêtres fanatiques qui s'agitent dans l'Ouest et dans le
Midi ; et nous n'avons plus à redouter les manifestes
contre-révolutionnaires d'un autre Brunswich ; car tous
les peuples sont devenus nos frères. Le volcan de Juillet
a répandu au loin ses laves brûlantes. Les rois ne l'igno-
rent pas ; et s'ils lèvent des bataillons, c'est bien plus
pour anéantir, chez eux, le levain révolutionnaire qui
s'aigrit et s'amasse à chaque instant, que pour venir
dicter des lois à notre pays. Ainsi, je le répète, nous
ne voulons pas de terreur ; la terreur est impossible. Sans
doute lorsque le moment de vider la grande question
sociale qui nous agite depuis plus de trois siècles sera
arrivé, lorsque la trompette aura sonné l'heure du com-

bat, nous nous présenterons sur le champ de bataille avec la ferme résolution de vaincre ou de mourir. Mais s'il est vrai que la cause de la civilisation ne puisse jamais être perdue, s'il est vrai que nous devions obtenir la victoire, nous montrerons à nos ennemis ce calme et cette généreuse modération dont nous leur avons déjà donné des preuves après la victoire de la grande semaine.

Maintenant, Messieurs les Jurés, que j'ai essayé de laver à vos yeux le parti de la république des calomnies dont on ne cesse de l'abreuver depuis deux ans, je me hâte de vous faire connaître mes convictions particulières. Je ne vous le cache point, Messieurs, je suis fâché d'être obligé de vous parler de moi pendant aussi long-temps, c'est une chose pénible et qui fatigue le cœur et l'esprit. Mais ce n'est point ma faute. On me livre à vous comme un criminel, l'on vous demande contre moi un châtiment au nom de la société que l'on m'accuse d'avoir blessée ; il faut bien, par conséquent, que vous sachiez qui je suis, ce que je veux et ce que je suis prêt à faire. Daignez m'accorder quelques instans d'attention, je n'en abuserai pas.

Messieurs, je ne suis point de ceux qui se payent de mots et qui ne voient dans les révolutions qu'un changement de personnes ou l'établissement d'une nouvelle forme de gouvernement. Je sais que l'*héritage* des générations antérieures ne consiste point dans des constitutions modèles, et à Dieu ne plaise que j'aie l'idée que mon pays fût beaucoup plus heureux qu'il ne l'est aujourd'hui, parce qu'à la place d'un homme qu'on appelle roi, on lui donnerait pour chef un homme qu'on appellerait président, directeur ou consul, comme on voudra. J'attache au mot république une signification bien autrement large. Pour moi, la république c'est un ordre social nouveau, la réalisation pleine et entière

des intérêts et des besoins que la révolution de Juillet a mis en évidence. Je ne pense pas que ce soit pour rien que le peuple de Paris ait pris les armes. Je ne pense pas que ce soit pour de vaines abstractions de métaphysique politique, qu'il ne comprenait pas, qu'il ait arrosé de son sang les pavés du Louvre et de la Grève. Il faut qu'il sorte quelque chose de positif pour lui d'une entreprise aussi héroïque. Et ce quelque chose, c'est son affranchissement moral, intellectuel et physique.

Oui, Messieurs les Jurés, émanciper le peuple, c'est-à-dire les prolétaires, ces hommes qui n'ont pour toute fortune que leurs deux bras, qui produisent et ne peuvent consommer qu'une très-faible partie du fruit de leur travail; rompre en visière à toutes les aristocraties de quelque nom qu'elles se parent; proclamer la prédominance du travail sur l'oisiveté; remplacer l'individualisme par l'association; former une vaste fédération européenne fondée sur le principe de la souveraineté du peuple, voilà le but de la révolution de Juillet. Je désigne sous le mot république le gouvernement qui saura l'atteindre.

Mon intention n'est pas d'examiner ici tous les problèmes que soulèvent les moyens pratiques d'arriver à ce résultat. Ce ne serait ni le temps, ni le lieu. Je me borne à indiquer les plus généraux.

A l'extérieur : le prosélytisme révolutionnaire. A l'intérieur : le changement de l'assiette de l'impôt et nécessairement celui de la constitution électorale, par l'introduction d'une nouvelle représentation.

Chaque peuple a un génie qui lui est propre, une physionomie individuelle, une mission particulière à accomplir. Le génie de la France c'est l'instinct de la civilisation, le besoin de se dévouer à toutes les nobles causes. Sa mission est de marcher à la découverte de la vérité, de la communiquer aux autres nations, de les initier aux grandes destinées du monde. Elle est, comme l'a dit un auteur, elle est le Christ de l'Europe. Lisez son histoire, et vous verrez que jamais, à aucune époque, elle n'a manqué à sa mission. Sa langue, ses idées, sa philosophie, sa politique, sa littérature, ont régné tour à tour dans toute l'Europe ; elle a fait la terre de la liberté moderne. Les grands génies qui ont été appelés à la gouverner n'ont pas oublié cette admirable disposition et ont su la mettre à profit. Avec Charlemagne, Louis XIV, la Convention et Buonaparte, toute l'Europe a été française.

La révolution de Juillet a renversé le droit public européen créé par le traité de Vienne. Le principe de la souveraineté du peuple, placé en tête de notre constitution, ne saurait désormais vivre en harmonie avec celui de la souveraineté monarchique sur laquelle repose ce traité. Il faut que les derniers débris de la féodalité disparaissent à tout jamais, ou que le dogme de l'égalité soit vaincu. Si nous ne voulons pas que notre cause périsse, portons secours à ceux qui désirent devenir ce que nous sommes, et qui, à notre exemple, lèvent l'étendard de l'insurrection. Il ne nous est pas permis de rester tranquilles spectateurs de leur lutte, et de dire, avec M. Dupin : chacun chez soi, chacun son droit. Cette neutralité serait une trahison ; cette indifférence une lâcheté ; ce langage un blasphème. La France doit révolutionner l'Europe, ou bien se replacer sous le joug des prêtres, des nobles et de la monarchie légitime. Hommes du pouvoir ! n'appelez pas notre vertu du donquichottisme ! Elle est l'accomplissement d'un impérieux devoir et le sentiment d'un noble patronage. Dieu le veut ! Dieu le veut ! c'était le cri des croisades... L'Europe est faite pour l'unité, et nous l'avons rompue ;

il faut la reconstruire. Vous avez d'un côté la souveraineté du peuple, la monarchie de droit divin de l'autre. Voyez lequel des deux principes il nous convient d'adopter : mais, de grâce ! ne venez pas vous placer au milieu ! ce serait à la fois nier l'un et l'autre, l'erreur et la vérité, les ténèbres et la lumière, la résistance et les progrès ; ce serait vous nier vous-mêmes.

Le but de toute association humaine est la conservation de l'existence de chacun de ses membres. Le devoir de ceux qui gouvernent est de prendre toutes les mesures propres à l'assurer et à la rendre indépendante du caprice des hommes. Si vous voyez un pays où le plus grand nombre est exploité par le plus petit, où ceux qui travaillent ont à peine du pain à manger tandis que ceux qui vivent dans l'oisiveté regorgent de richesses ; où le gouvernement, loin de protéger le faible, insulte à sa misère et s'en fait une arme contre lui, vous pouvez dire que ce pays renferme dans son sein des élémens puissans de discorde qui se feront jour tôt ou tard, et que son gouvernement est immoral. Tel est l'état de la France. Tel est son système financier, qu'il condamne les deux tiers de sa population, c'est-à-dire plus de vingt-cinq millions d'hommes à une vie de misère et de douleurs. Sous la dénomination d'impôts indirects, les anglomanes, les momiers de Genève, les avocats, les hommes de bourse, qui se sont succédés aux affaires depuis tantôt vingt ans, ont trouvé le moyen de frapper le travail dans sa source, d'arrêter les progrès constans d'une bienfaisante production, et d'enlever au pauvre la moitié d'un salaire qui suffit à peine à sa subsistance.

Ce dont se plaignent les hommes dévoués au peuple, ce n'est pas que l'impôt soit trop fort ; ils savent qu'il faut beaucoup d'argent pour bien administrer un état. Seulement ils veulent que l'argent soit pris là où il se trouve. Ils demandent l'établissement d'un impôt progressif, c'est-à-dire d'un impôt dont le rapport au revenu ne reste pas toujours le même, quelque élevé que puisse devenir ce revenu, mais, au contraire, croisse avec lui et toujours dans une juste proportion.

Ces changemens ne peuvent avoir lieu que par la création d'une nouvelle constitution électorale. Jusqu'à présent la propriété seule a été représentée. Aussi toutes les lois ont-elles été faites en sa faveur, au préjudice de l'industrie et des travailleurs. Il est temps que le prolétaire ait aussi sa part de pouvoir. Il y a droit ; il a conquis ses lettres de noblesse dans les fusillades des trois jours. Ne lui refusez pas, car il pourrait l'exiger ; et vous savez sa force. Ne parlez pas de droits acquis qu'il faut respecter. Il n'y a pas de droit contre le droit, a dit Bossuet ; et le premier de tous les droits, pour l'homme, c'est de vivre en travaillant.

Voilà, Messieurs les Jurés, ce que je pense avec le plus grand nombre des républicains. Un gouvernement dans l'intérêt du peuple, représenté par les hommes les plus capables et les plus dévoués, sans aucune condition de fortune, voilà, j'en suis sûr, ce que tous désirent obtenir, non pas par la violence qui se fourvoie toujours, mais par la raison et la justice, qui ne s'égarent jamais. Je n'ignore pas qu'il est encore des gens de cœur et de bonne foi qui s'imaginent que la monarchie pourrait très-bien s'accommoder d'un semblable état de choses. J'avoue avec franchise que j'ai partagé un moment leur erreur. En Juillet, ne considérant la question de forme que comme une question secondaire, je me suis trouvé du côté de ces républicains qui croyaient que l'on pouvait, sans inconvénient et sans compromettre les résultats de la révolution, accepter une royauté qui se disait populaire et qui promettait solennellement de donner à la France des institutions démocratiques. Mais lorsque j'ai vu le pouvoir renier son origine, s'entourer des hommes de la restauration, se liguer contre le peuple avec une aristocratie d'argent mille fois plus orgueilleuse, plus arrogante, plus oppressive que l'aristocratie de naissance, faire appel à toutes les passions basses et cupides de la société, et proscrire tous les sentimens généreux, diviniser l'égoïsme et flétrir le dévouement, permettre l'assassinat dans Paris.......

Ici M. le Président interrompt l'orateur. « Accusé Laissac, lui dit-il, vous allez beaucoup plus loin que ne le permet la liberté de la défense. Vous n'êtes pas dans la cause, et vous attaquez le gouvernement. »

Laissac. Ce que je dis est vrai. Il a été prouvé juridiquement que des bandes de mouchards avaient été organisées dans Paris pour assommer les jeunes gens qui voulaient exprimer leurs opinions patriotiques, soit par des chants nationaux, soit de toute autre manière. Il a été prouvé que ces misérables s'étaient livrés aux excès les plus dégoûtans contre ces jeunes gens, après avoir joué parmi eux le rôle d'agens provocateurs : ils n'ont cependant pas été punis. C'est à cela que je fais allusion, lorsque j'accuse le gouvernement d'avoir permis l'assassinat. Il est bien facile de comprendre le véritable sens de mes paroles. Je continue........

.... et laisser périr les peuples nos frères; en un mot, refaire la restauration avec ses priviléges, ses abus, ses inégalités, sa justice exceptionnelle, ses conspirations, ses échafauds, j'ai été complètement désabusé. Me ressouvenant alors du passé, rappelant à ma mémoire ce que l'histoire m'avait appris des règnes de Louis VI, de Buonaparte et des Bourbons de la branche aînée, j'ai pensé que la monarchie emportait avec elle un vice radical, qu'elle entretenait dans son corps une maladie locale, un chancre politique qui la ronge, la

dévore et l'empêche de faire le bien. Eh ! ne croyez
pas, Messieurs les Jurés, que j'aie attendu pour cela
que le pouvoir m'eût enlevé une place qui me fut donnée
dès les premiers jours qui suivirent la révolution, et que
j'ai toujours considérée, non pas comme une faveur,
mais comme un poste honorable que la révolution con-
fiait à un de ses enfans qui l'avait servie avec courage et
désintéressement au moment du danger, et qui saurait la
servir encore au péril de sa vie. Je vous fais cette ob-
servation, Messieurs les Jurés, parce que je sais que
quelques-uns de ces ambitieux *repus*, ainsi que les appelle mon ami Cavaignac, que l'on trouve à Montpellier,
comme partout, et qui s'attachent à éclabousser de leur
boue les hommes dont l'indépendance et le dévouement
sont la censure la plus amère de leur vie, m'ont peint
comme un de ces mécontens qui espèrent en s'agitant
beaucoup, en affichant des opinions exagérées, en pre-
nant une certaine affectation d'emportement mal déguisée,
recouvrer ce qu'ils ont perdu. Si j'avais l'honneur d'être
connu de vous, je laisserais de côté toutes ces misères ;
mais malheureusement il n'en est point ainsi, et je suis
dans l'obligation de vous dire que, pendant que j'étais
encore employé du gouvernement, je professais les mêmes
principes que je professe aujourd'hui ; que j'ai été destitué uniquement à cause de cela. Si j'eusse voulu faire
comme tant d'autres, vendre ma conscience, me sou-
mettre en aveugle aux caprices et aux exigences d'un
ministère dont je considérais l'existence comme une cala-
mité pour la France ; prêter un serment qui me semble
être un outrage à la révolution, je conserverais encore mon
emploi. Il m'a paru que ce serait là payer trop cher que
d'acheter à ce prix ma part des guenilles du pouvoir qui
est censé nous gouverner. J'ai préféré mon honneur à ma
fortune. Qui sait si ceux qui m'accusent pourraient en
dire autant !

Ce n'est pas assez, Messieurs les Jurés, que de vous avoir fait connaître mes opinions; il me reste encore à vous expliquer comment elles ont pu me valoir les petites persécutions de Messieurs du parquet. Cette explication est absolument nécessaire, et si je ne m'empressais de vous la donner, vous auriez le droit de m'accuser de vanité, d'un amour-propre excessif que rien ne justifierait, en me représentant, moi, tout jeune homme avec mes vingt-quatre ou vingt-cinq ans, sans influence personnelle, à peine connu à Montpellier, comme une victime choisie de préférence à toute autre, parmi tant de vétérans de la cause de la liberté dont je n'ai fait qu'adopter la bannière, et qui ont certainement bien d'autres titres que les miens à l'honneur que je reçois aujourd'hui. C'est, d'ailleurs, une histoire assez curieuse, qui forme le côté moral ou immoral, si vous aimez mieux, de cette affaire, et que vous ne trouverez peut-être pas indigne de votre attention.

Lorsque j'eus été destitué des fonctions de sous-préfet que j'exerçais dans le département de la Nièvre, je revins à Paris, que j'habitais précédemment, et où m'appelaient mes goûts, mes habitudes et mes intérêts. Après avoir vu les anciens amis que j'y avais laissés, je songeai à me créer un moyen d'existence honorable. Je fus attaché à la rédaction de plusieurs feuilles politiques. La Tribune, entr'autres, voulut bien quelquefois recevoir mes articles, et M. Mauguin, cet illustre Député dont vous avez pu si souvent apprécier et le talent et le courage, M. Mauguin me prit auprès de lui en qualité de secrétaire. C'était plus qu'il n'en fallait pour attirer sur moi l'attention de la police. Comme vous le savez, Messieurs les Jurés, l'honnête administration dont MM. Gisquet, Foudras et Vidocq sont les chefs, est devenue, depuis deux ans, un puissant moyen de gouvernement. C'est elle qui est

chargée de rendre le pouvoir fort, et surtout respectable;
de le protéger contre les attaques des ennemis du pays
ou des Ministres, ce qui est absolument la même chose;
de comprimer l'esprit de trouble et d'anarchie; de main-
tenir l'ordre et la tranquillité publique; c'est-à-dire de
faire arrêter, emprisonner, assommer, *suicider* ceux
qui osent se plaindre de nos nouvelles *Excellences*, et qui
pensent que, pour administrer une nation telle que la
France, où l'on fit toujours un culte de l'honneur et de
la loyauté, on pourrait trouver mieux que MM. Gisquet,
Soult, Thiers, Foudras, Barthe, Vidocq, et tant d'autres.
La police est l'*ultima ratio* du très-haut, très-puissant,
très-excellent et très-absurde milieu. M. Gisquet, avec
MM. Foudras et Vidocq, voilà le trépied sacré, la colonne
inébranlable sur lesquels repose la volonté immuable qui
a enfanté le système du 13 Mars. Les journalistes, avec
les députés de l'opposition et leurs secrétaires, ont le mer-
veilleux avantage, le privilége exorbitant d'être l'objet
d'une surveillance toute particulière de la part de M. le
comte de St-Jules. M. le comte de St-Jules, c'est là le
nom que prend M. Vidocq lorsqu'il va dans la bonne
société. Car il faut que vous sachiez que M. Vidocq voit
la bonne société. M. Vidocq ou de Vidocq est reçu chez
les gendarmes, chez les procureurs du roi, leurs subs-
tituts, chez les sergens de ville, chez les Ministres, les
valets de Ministres; enfin, chez tous les gens qui sont
quelque chose ou aspirent à devenir quelque chose.....

M. le Président interrompant de nouveau : « La défense
» de l'accusé dégénère en scandale; il me serait impos-
» sible de la lui laisser continuer, sans manquer à mes
» devoirs. »

Laissac. Je déclare que ma défense n'aura pas été libre,
si l'on ne me permet pas de faire connaître à MM. les

Jurés le motif de l'accusation dont je suis victime. En me poursuivant, l'on a obéi à des ordres de police, c'est la police, plutôt que le Ministère public, qui me poursuit. M'empêcher d'en fournir la preuve, ce serait méconnaître les droits de l'accusé, ce serait enlever à ma défense les bases sur lesquelles elle repose essentiellement.

M. le Président. Si vous le désirez, la Cour va en délibérer.

L'accusé. Oui, Monsieur.

La Cour se retire. Après cinq minutes de délibération, elle rentre en séance. M. Laissac se lève aussitôt, et s'exprime ainsi : quelle que soit la décision que la Cour vient de prendre, je dois la prévenir que je renonce à la parole. Mon défenseur achèvera ce que j'ai commencé.

Nous regrettons bien vivement que M. Laissac n'ait pas achevé sa défense. Nous savons qu'il s'était proposé de flétrir, comme il le devait, la conduite de ces hommes qui, revêtus d'un noble sacerdoce, ravalent la justice au point d'en faire l'instrument de leurs vengeances, de leurs haines personnelles et des caprices des puissans du jour. Le public qui l'écoutait aurait pu puiser dans ses paroles une excellente leçon de morale.

L. B.

www.ingramcontent.com/pod-product-compliance
Lightning Source LLC
Chambersburg PA
CBHW050439210326
41520CB00019B/5993